THÈSE

POUR

LA LICENCE.

TOULOUSE,
TYPOGRAPHIE TROYES OUVRIERS RÉUNIS,
RUE SAINT-PANTALEON, 3.

MEIS ET AMICIS.

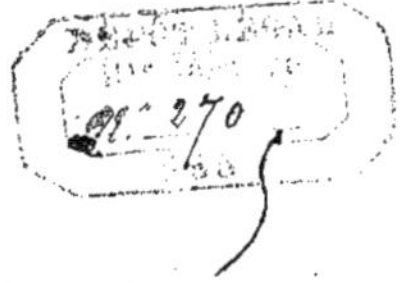

FACULTÉ DE DROIT DE TOULOUSE.

ACTE PUBLIC

POUR

LA LICENCE

En exécution de l'Article 4, Titre 2, de la Loi du 22 Ventôse an XII.

SOUTENU PAR

M. BAYLIN (Anatole-Marie-Léon),

Né à Layrac (Lot-et-Garonne).

Jus Romanum.

De hæredum qualitate et differentiâ.

Apud Romanos triplicis generis sunt hæredes : necessarii, sui et necessarii, extranei. Hoc ità agitur, quià cùm alii testatori subjecti sint tùm alii, non : His dictis, evolvenda est materia.

1° *Hœredes necessarii.*

Est necessarius hæres, servus qui à domino sive cum libertate, sive absque libertate hæres institutus est : et sic appellatur, quià volens nolens statim à morte domini hæres fit.

Hoc expedit dominis quorum facultates ità suspiciuntur, ut, nemine pro hærede se gerente, illi possent fugere possessionem bonorum a creditoribus impetrari ignominiosam et jubere, servo necessario instituto, ut ejus nomine bona vendita sint. Primo, aut secundo, aut tertio gradu, aut inferiore institui potest necessarius hæres, ecce formulam : in primo gradu, *servus meus hœres esto ;* aut in secundo, sic, *primus hœres esto* et *si is hœres non erit, Stichus servus meus hœres esto.* Imò necessarii pro jure fiunt; ideoque incumbunt eis omnia hæreditatis onera, nisi antequàm se immiscuerint, Prætor eis concessit, *separationis beneficium.* Beneficium separationis est illud quo Prætor necessariis hæredibus concessit, ut bona, vel ex industria, vel ex liberalitate acquisita de hæreditate distrahant domini, ne ultrà hæreditatis vires peterent creditores.

2° *Hœredes sui et necessarii.*

Sunt sui et necessarii, liberi qui in potestate testatoris constituti tempore mortis, et qui in primo sunt gradu, scilicet filius, filia, nepos et neptis ex filio; sed ut nepos neptisve sui hæredes sint, non sufficit eum eamve in defuncti tempore mortis potestate fuisse, sed opus est, ut sui fiant hæredes, patrem eorum in patris ipsius potestate esse desiisse, aut morte, aut emancipatione, aut aliis modis.

Sui appellantur, quià domestici, et semetipsis domini existimantur ;

necessarii quià ipso jure, velint, nolint, sunt hæredes, nec possunt, quià iis dominium hæreditatis rerum continuatur, desinere esse hæredes; indè fit ut pupilli sine auctoritate, impuberes, dementes, inviti et ignorantes, ipso jure hæredes sint.

Sed Prætor, illis concessit ut hæreditate paterna si suspectam putantur abstineant *beneficium abstentionis*. Non hoc *beneficio abstentionis* hæredes esse desinunt; sed solummodo nomine, non re et effectu. Sic, Prætor, amore æquitatis, prohibuit ne adversus eos actio detur, dum hæreditati se non immiscuerint. Hoc discrimen est inter hoc beneficium et separationis beneficium quod non persequerentur creditores, si non se immiscuerint liberi; hæredes necessarii à contrario a creditoribus convenirentur, iisque respondere deberent usque ad vires hæreditatis, cum separationem obtinuerint.

3o *Hœredes extranei*.

Extranei aut voluntarii hæredes sunt illi qui testatoris potestati non sunt subjecti et quibus adire vel repudiare hæreditatun permissum est; velut liberi nostri emancipati hæredes à nobis instituti. Non in potestatem tenere potest femina liberos, cum autem à matre hæredes instituantur, hæredes extranei dicuntur, item servi à domino instituti et posteà manumissi. Ut adire possint, illud est extraneis observandum, requiritur ut sit cum eis testamenti factio, quæ tribus exigitur temporibus : tempore testamenti conditi : ut tunc valeat institutio; cùm moritur testator; ut utilem habeat effectum institutio : cum adit hæreditatem, quoniam ei tunc incumbit hæreditas.

Duo autem media inspicimus tempora, medium unum inter conditum testamentum et testatoris mortem : alterum inter mortem et aditionem : In primo tamen medio, si capite hæres minuitur, hic novus non nocet status quia hæredis jura adhuc clausa pro sola spe habentur ; sed in altero perdita essent jura, etiamsi capax iterùm fieret.

Extraneis autem hæredibus deliberandi potestas est de adeundâ vel non adeundâ hereditate. Indè provenit aditio. Hoc est generale nomen. Si per verba ad hunc usum facta est aditio, dicitur *cretio*, si nudâ voluntate, *aditio*; si, re et effectu, dicitur *pro hœrede gestio.* Cretio sumebatur vel pro modo hæredis instituendi, vel pro modo hæreditatis acquirendæ. Pro modo hæredis instituendi erat cretio certum dierum spatium quod a testatore dabatur hæredi ad déliberandum utrûm hæres esse vellet, an non. Alia erat vulgaris, alia continua. Vulgaris, in quâ adjiciebat testator hæc verba, quibus *scieris poterisve* : exempli gratiâ : *Titius hœres esto cernitoque intrà centum dies quibus scieris poterisve.* Continua, in quâ hæc verba omissa erant, et tunc dies centum continuo currebant à morte testatoris, quamvis illi ignorent esse hæredes. Continua in minore stabat favore. Nunc ab Honorio et Arcadio abrogata cretio, sequentibus duobus modis codex utitur. Aditio est nuda voluntas hæreditatis acquirendæ, quibuscumque verbis explicata, sine nullis solemnitatibus, sin nullo facto, ut, *si quis interrogatur utrùm accipiat hœreditatem, respondeat se accipere.*

Pro hærede gestio est actus quo quibusdam factis declarat se velle hæredem esse, ut, *si res vendit hœreditarias, locat*, quasi dominus. Repudiatione hæredes hæreditatem amittunt. Repudiatio est actus hæredis extranei declarantis se nolle hæredem esse ; opponitur aditioni.

Duo beneficia extraneis competunt hæredibus, jus deliberandi et beneficium inventarii. Jus deliberandi est jus à Prætore petendi certum tempus, dùm creditores urgebant aditionem hæreditarii, utrùm sibi expediret adire vel repudiare hæreditatem. Illoc tempus olim arbitrio Prætoris erat, sed Justinianus voluit ne posset dari minus quam centum dies, nec plus quam novem menses à magistratu, à principe plus quàm unus annus.

Beneficium inventarii à Justiniano introductum in eo consistit ut, inventario facto, hæreditatem adire possit hæres, nec ultrà hæreditatis vires teneri.

Effectus inventarii est : ut non teneatur hæres ultrà successionis vires; ut non actiones quæ contrà defunctum habet hæres confundantur, ut possit retinere falcidiam.

Code Napoléon.

LIV. III, TIT. II.

Des donations entre-vifs et des testaments.

(Articles 931 — 980.)

De tous les droits de l'homme, le plus sacré est celui de pouvoir disposer de ses biens au gré de ses affections. Ne serait-elle pas inique, en effet, la loi qui réprimerait les élans du cœur, et qui arrêterait les témoignages de reconnaissance et d'affection vis-à-vis de ceux qui, par leurs bons services, leur zèle désintéressé, donnent des preuves d'un sincère attachement ? Et encore n'est-ce pas une jouissance bien vive pour un cœur généreux d'encourager ceux qui font le bien et de venir en aide à ceux qui sont victimes des coups de la fortune ? Il fallait cependant régler quelle serait dans ces actes de bienfaisance et ces témoignages de reconnaissance, la liberté compatible avec les droits de la famille. Le Code a consacré les principes de l'ordonnance de 1731 due au chancelier d'Aguesseau relative à cette matière.

Les formes des donations, leurs caractères, leurs effets doivent seuls nous occuper ici ; et aussi pour plus de méthode diviserons-nous notre matière en plusieurs paragraphes.

I. — *Caractères des donations entre-vifs.*

Aux termes de l'art. 894, la donation est un acte solennel par lequel le donateur se dépouille actuellement et irrévocablement de la chose donnée en faveur d'un individu qui l'accepte. Cette définition nous paraît inexacte, car elle omet un des principaux caractères de ce contrat, la gratuité. La définition donnée par Domat est préférable, ce nous semble; la donation est un contrat par lequel une personne se dépouille gratuitement, actuellement, et irrévocablement d'une chose en faveur d'une autre, qui accepte. Les trois caractères par lesquels se révèle la donation, y sont bien mentionnés.

De ce que la donation se trouve amoindrie par les charges ou les conditions sous lesquelles elle est effectuée, il ne s'ensuit pas que le caractère de gratuité disparaisse; il peut ne pas être absolu, mais il n'en est pas moins vrai qu'il y a libéralité effective.

Revenons au caractère d'actualité et d'irrévocabilité qui sont consacrées par ce vieil adage, donner et retenir ne vaut; dans l'ancien Droit, pour qu'une donation fût valable, une tradition immédiate était nécessaire; elle était feinte ou réelle, suivant les diverses coutumes. Les rédacteurs du Code, modifiant l'ancien Droit sur ce point, n'exigent pas que la donation soit accompagnée d'une tradition feinte ou réelle, aux termes de l'art 938; le dessaisissement s'opère par l'effet de la convention. Le principe que le dessaisissement doit être actuel, n'empêche pas que la donation soit faite à terme ou soit conditionelle, car, nonobtant l'incertitude du terme, le donataire est saisi du droit. Le dessaisissement irrévocable est indispensable pour la validité de la donation; car s'il dépendait du donateur d'en amoindrir directement ou indirectement l'effet, il n'y aurait plus donation, parce qu'elle serait viciée dans son essence par le défaut de dépouillement.

Nous parlerons plus loin des exceptions au principe posé.

Dans les pays de droit écrit où dominait la législation romaine, les biens tant presents qu'à venir pouvaient être l'objet d'une donation. Les pays coutumiers, assujettis à la maxime : *donner et retenir ne vaut*, n'admettaient que les donations de biens présents. Consacré par l'ordonnance de 1731, ce principe a été maintenu par le Code, art. 943. Il est facile de s'expliquer pourquoi le législateur a prohibé ces donations de biens à venir, c'est qu'on ne peut pas se dépouiller de ce qu'on n'a pas. Les biens à venir sont ceux sur lesquels on n'a aucun droit, aucune action pure ou conditionnelle pour y prétendre ou les espérer. D'après l'ordonnance de 1731, étaient nulles les donations de biens présents et à venir, même pour les biens présents. Le Code a adouci la sévérité de ces principes, en restreignant la nullité de ces donations aux biens à venir, et les laissant subsister pour les biens présents, *utile per inutile non vitiatur*.

II. — *Formes des donations entre vifs. — Transcription au bureau des hypothèques.*

Avant l'ordonnance de 1731 on n'avait pas de guide certain pour les formes des donations. D'une part on croyait qu'il n'était pas nécessaire que ces actes fussent passés pardevant notaire, et que la signature tant du donateur que du donataire suffisait à leur validité; d'autre part on pensait que ces actes devaient être entourés d'un caractère d'authenticité, et qu'ils ne pouvaient l'obtenir que par la présence d'un notaire. Réglementée par l'ordonnance de 1731, cette dernière disposition a été confirmée par le Code. S'il n'en eût pas été ainsi, la donation eût été entachée du vice de donner et de retenir, et par des actes authentiques postérieurs, le donateur eût pu disposer des effets que comprenait la première donation.

Considérant la disposition de l'art. 931, ne sont légalement constatés les actes portant donation entre vifs que lorsqu'ils ont été reçus par un notaire dans la forme des contrats. Il faut en outre que la minute de l'acte reste entre les mains du notaire pour que ni l'une ni l'autre des parties, en supprimant l'acte, ne puisse anéantir la donation. La minute sert donc à assurer l'irrévocabilité de la donation. Que si on demandait pourquoi la loi a placé les donations au nombre des contrats solennels, on répondrait que, souvent arrachées à la faiblesse du donateur, elles privent sa famille de justes espérances ; aussi la loi a-t-elle cherché une garantie dans les solennités qu'elle impose ; la présence du notaire pouvant révéler au donateur l'importance de l'acte qu'il va faire.

D'après la loi du 25 ventôse an II sur le notariat, aux termes de l'art. 9, la présence de deux notaires ou d'un notaire et deux témoins, est requise. Ainsi les actes portant donation doivent donc être reçus pardevant notaire. Ils doivent encore être signés des parties ; le donateur et le donataire ne devant pas seulement signer la minute, doivent encore être présents à la rédaction. Tous actes portant donation, aux termes de l'art. 931, seront passés devant notaires... et non pas toutes donations : se trouvent en dehors du principe les donations qui se font de *manu ad manum*; mais si la convention portait qu'on dût conserver la chose donnée jusqu'à une certaine époque, elle ne serait obligatoire dans ce cas-là que tout autant qu'elle aurait été reçue par un notaire dans les formes prescrites. Sont aussi dispensées des formalités, les libéralités consistant dans l'abandon d'un droit, car la loi est toujours favorable aux conventions qui ont pour objet d'opérer une libération, d'éteindre une obligation. Les donations déguisées sous forme de contrat à titre onéreux, sont-elles valables sans les formalités réquises ? La question est controversée, et de nombreux auteurs, la jurisprudence même, se sont decidés pour l'affirmative; les raisons alléguées dans ce sens reposent sur l'art. 911. Néanmoins nous croyons que la loi ayant pris les libéralités en défaveur, et exigeant à cet égard des solennités qui doivent en entraver la facilité, nous croyons que ces donations ne peuvent être comprises dans l'exception, et doivent rentrer dans le droit commun

Toutes les fois que la donation aura été duement offerte et duement acceptée, elle sera parfaite, et parfaite, elle est obligatoire et translative de propriété; mais de ce que la donation est parfaite, s'ensuit-il que le donataire devienne propriétaire *erga omnes*, c'est-à-dire le devient-il à l'égard des tiers ? Il faut user ici de distinctions : s'agit-il de meubles corporels ? le donataire jouit d'une propriété absolue opposable aux tiers ; mais si la donation repose sur des meubles incorporels, qu'arrivera-t-il ?

La propriété passera d'une manière absolue du donateur sur la tête du donataire, pourvu que celui-ci ait signifié la donation au débiteur cédé. Quant aux immeubles, en vue des dangers et des pièges auxquels la clandestinité des donations entre-vifs exposait les tiers, la législation Romaine crut devoir introduire un système de publicité. Connu sous le nom d'insinuation, ce système consistait dans l'inscription de l'acte de donation sur un registre à ce destiné et ouvert au public. La loi de brumaire an VII lui substitua la formalité de la transcription. L'art. 939 du Code l'a d'ailleurs consacré, en ordonnant la transcription de tous les actes translatifs de propriété au bureau des hypothèques dans l'arrondissement desquels les biens sont situés.

Les personnes qui sont chargées de faire faire la transcription sont : les maris, lorsque les biens auront été donnés à leurs femmes ; les tuteurs ou curateurs quand elles seront faites à des mineurs ou interdits, les administrateurs pour les établissements publics (art. 940). Les femmes sont autorisées à procéder seules à la formalité de la transcription, quand le mari ne l'a pas fait. Si les personnes obligées de requérir la transcription ne l'ont pas fait, le donataire qui souffre de l'inexécution de l'obligation a un recours contre elle ; mais malgré leur insolvabilité il n'est pas restitué contre les conséquencés qu'entraîne le défaut de transcription. La question de savoir si la nullité faute de transcription pouvait se prescrire a agité les auteurs : Malleville, l'un des rédacteurs du Code, pense qu'elle peut l'être par trente ans. Peuvent opposer le défaut de transcription tous ceux qui ont intérêt à la nullité de la donation ; ceux qui ont acquis des droits de propriété, de jouissance et d'usufruit ; ne peuvent pourtant pas l'opposer les ayants cause de ceux qui devaient la faire faire ; ceux qui étaient obligés de la faire, le donateur.

Aux termes de l'art. 948, les donations d'effets mobiliers ne sont valables que pour les effets dont un état estimatif aura été annexé à la minute de la donation. Le motif et l'utilité en sont consacrés par la règle *donner et retenir ne vaut*. Sous l'empire de l'ordonnance de 1731, cet état devait être simplement énumératif, mais le Code l'exige énumératif et estimatif ; la raison s'en fait sentir en ce que si la donation venait par exemple à être révoquée pour inexécution des conditions, au cas de perte ou détérioration des objets par la faute du donataire, cet état pourrait certifier de la valeur des objets au temps de la donation. A défaut d'état estimatif, la donation est nulle, c'est-à-dire que le donateur peut ne pas l'exécuter ; mais s'il l'exécute, la tradition des choses données constitue une nouvelle donation, valable comme don manuel. Fait sous forme d'inventaire, l'état estimatif doit être signé du donateur et du donataire ou de ceux qui acceptent pour lui.

III. — *De l'acceptation des donations, ses formes et ses effets.*

Pour qu'une donation soit valable, il faut qu'elle soit acceptée en termes exprès et par acte authentique. On distingue deux choses dans l'acceptation : l'acceptation elle-même qui est le consentement du donataire, et la solennité de l'acceptation, qui en est la mention faite en termes exprès dans l'acte de donation.

L'ordonnance de 1731 exigeait même des termes sacramentels; mais aujourd'hui on peut les remplacer par des équivalents. Quoi qu'il en soit, l'acceptation qui n'est pas formulée en termes exprès ne se présume ni de la présence, ni de la signature du donataire apposée à l'acte qui la contient.

En principe, l'acceptation doit être faite du vivant du donateur, il faut qu'on puisse présumer que le donateur a persisté dans sa première volonté. L'acceptation peut être faite par l'acte même de donation, ou par acte postérieur et authentique dont il est gardé minute. Si l'acceptation est faite par acte postérieur, la donation ne lie le donateur que du jour où la notification de l'acceptation lui aura été signifiée.

L'acceptation ne peut être faite que par le donataire ou par ceux qui le représentent légalement. L'acceptation, qualité essentielle du contrat, suppose nécessairement la capacité du contractant ; le donataire majeur peut encore accepter par un fondé de pouvoir spécial ou au moins par un fondé de pouvoir général d'accepter les donations qui lui seront faites. La procuration, à l'effet d'accepter, doit être passée devant notaire, et une expédition doit être annexée à l'acte de donation contenant l'acceptation, ou à l'acte d'acceptation faite par acte séparé. (933).

Aux termes des art. 217, 219, la femme ne peut contracter, s'obliger ni acquérir à titre gratuit sans le consentement de son mari, ou l'autorisation de la justice; disposition conforme aux bonnes mœurs et au principe d'autorité déféré au mari par les lois. Cette condition imposée tant aux femmes communes qu'aux femmes séparées de biens, leur implique la nécessité de réclamer le consentement du mari, ou l'autorisation de la justice.

Si le donataire est mineur non émancipé ou interdit, l'acceptation sera faite par son tuteur, autorisé par le conseil de famille, s'il n'est pas ascendant; la raison en est que la donation pouvant être faite sous certaines charges, serait onéreuse pour le mineur; alors il appartient au conseil de famille de décider si l'acceptation lui est utile ou nuisible. Le tuteur, qui est en même temps le père ou la mère, est obligé, sous peine de dommages-intérêts, d'accepter l'offre; mais il n'est pas tenu de demander l'autorisation du conseil de famille. Quant aux ascendants qui ne sont pas tuteurs, ils ont le droit d'accepter, mais ils n'y sont pas obligés.

Aux termes de l'art. 930, le sourd-muet qui sait, par l'écriture, manifester sa volonté, peut accepter lui-même la donation. S'il ne sait pas écrire, l'acceptation sera faite en son nom par un curateur. Quant aux donations qui sont faites aux hospices, elles sont acceptées par les administrateurs quand le gouvernement les y a autorisés.

L'acte contenant l'acceptation, et la notification de l'acceptation, sont soumis aux formalités de la transcription au bureau des hypothèques. Les mineurs, femmes mariées, interdits, ne sont pas non plus restituables, malgré l'insolvabilité des tuteurs des maris, contre le défaut d'acceptation.

Quant à la question de savoir si le donateur peut révoquer une donation non encore acceptée, les auteurs sont divisés; mais néanmoins, la jurisprudence penche aujourd'hui pour l'affirmative.

IV. — *Restrictions apportées aux donations par des conditions, des charges, des réserves* (Art. 949 à 952.)

Pour être valable, toute donation, avons-nous dit, doit être gratuite. Le caractère de gratuité n'empêche pas cependant le donateur d'imposer des conditions, des charges, des réserves à son profit. Est réputée conditionnelle toute donation dépendant d'un événement futur et incertain, ou d'un fait accompli ignoré des parties.

Lorsque le donateur impose une charge au donataire, la donation se nomme onéreuse. Les réserves faites par le donateur peuvent avoir pour objet, soit la propriété d'une partie de la chose donnée, soit l'usufruit de cette chose ; soit enfin le droit de retour de ce qui a été donné.

Le donateur peut se réserver la liberté de disposer d'une ou plusieurs choses faisant partie de la donation ; elle se trouve alors réduite aux objets non réservés (art. 946), et si le donateur vient à mourir avant d'en avoir disposé, les biens passent à ses héritiers.

Le donateur peut encore se réserver l'usufruit des biens donnés soit mobiliers, soit immobiliers, ou en disposer au profit d'un tiers (art. 949). Ce principe est en harmonie avec les règles qui ont consacré les facultés de séparer l'usufruit d'avec la propriété; la donation existe, car il y a dépouillement actuel et irrévocable; si le donateur s'est réservé l'usufruit des biens mobiliers, les droits du donataire sont réglés ainsi qu'il suit : si à l'extinction de l'usufruit les biens sont encore en nature, le donataire les reprend tels qu'il sont, il supporte les détériorations. S'ils ne se retrouvent pas en nature, le donataire a un recours tant contre le donateur que contre ses héritiers, pour la valeur des objets au temps de la donation, valeur fixée par l'état estimatif.

Néanmoins ce nous semble, la rigueur de ces décisions devrait être mitigée. Si l'on peut imputer au dol ou à la faute du donateur la détérioration des objets, il est de toute justice qu'il en soit responsable; mais si la perte de ces objets, ou leur détérioration est due à un cas fortuit, nul doute que le donataire lui seul doive les supporter.

La stipulation du droit de retour des biens donnés, ou au cas du prédécès du donataire seul, ou du donataire et de ses enfants, ou du donataire mourant sans postérité, ne porte pas non plus atteinte au dépouillement actuel et irrévocable de la donation (951) car la révocation est indépendante du fait du donateur.

On distingue deux espèces de retour ; le retour légal et le retour conventionnel. Mais le retour légal stipulé en faveur de l'ascendant donateur, n'est qu'un mode particulier des successions dont nous n'avons pas à nous occuper ici (747).

Le retour conventionnel ne peut être stipulé qu'en faveur du donateur seul. La clause du retour stipulée dans l'intérêt des héritiers du donateur ou d'un tiers serait nulle, car elle offrirait les caractères d'une substitution prohibée. Par la clause de retour, la donation est sonmise à une condition résolutoire.

Le donateur ne pouvant transférer que les droits résolubles, il y a lieu à sa mort d'appliquer la maxime : *resoluto jure dantis resolvitur jus accipientis*. Les aliénations, les charges consenties disparaissent par l'arrivée de l'événement sans demande en justice. Il n'y a d'exception au droit commun qu'en faveur de l'hypothèque légale de la femme du donataire sur l'immeuble donné, sous les trois conditions suivantes : que la donation soit faite par contrat de mariage ; que la femme dans ce même contrat ait constitué une dot ; que les biens du mari soient insuffisants ; cette exception favorable à la femme, repose sur la présomption que le donateur a voulu garantir sur l'immeuble donné, les droits que la future épouse espérait par contrat de mariage. Si le donateur avait stipulé une disposition contraire dans l'acte de donation, l'exception n'aurait plus lieu.

V. — *Effets des donations entre-vifs.* — *Cas de nullité.*

(art. 938, 943 à 945).

Nous avons déjà dit, que la donation, dûment offerte et dûment acceptée était parfaite par le seul consentement des parties; dès lors elle devient obligatoire et translative de propriété (art. 938). Néanmoins, il ne faudrait pas croire que comme la vente, la donation contienne obligation de garantie de la part du donateur. La vente est un contrat onéreux, la donation est un contrat gratuit; le donateur ne transfère que les droits qu'il a lui-même sur la chose donnée; si donc, postérieurement à la donation un tiers faisait valoir des droits sur l'objet donné, le donataire n'aurait aucun recours contre le donateur, même pour les loyaux coûts et frais du contrat; sauf toutefois le cas où la donation eût été faite avec certitude de la part du donateur que le donataire devait être évincé; alors il serait indemnisé de tout le dommage causé par la donation. Le donateur est tenu de son dol, mais non de sa faute; son imprudence en pareille matière ne saurait lui être reprochée. Par exception, la garantie serait due, si elle avait été promise par une clause formelle.

La première cause de nullité exprimée par l'art. 943 se rapporte aux donations concernant les biens à venir; dépourvue des deux caractères qui lui donnent la vie, *l'actualité et l'irrévocabilité*, elle est nulle. La loi annulle encore la donation entre-vifs qui serait faite sous des conditions dont l'exécution dépend de la volonté du donateur (944). En principe, les donations peuvent être conditionnelles; mais admettant à ce sujet la division du Code, nous distinguerons les conditions casuelles des conditions mixtes et potestatives. Les donations formées sous des conditions casuelles sont valables; les conditions potestatives qui font dépendre l'exécution du contrat d'un événement que l'une des parties contractantes peut faire arriver ou éloigner, sont proscrites par la loi dans les donations entre-vifs. Une dernière cause de nullité consiste dans la condition imposée au donataire d'acquitter d'autres charges que celles qui existaient au temps de la donation.

Si le donataire pouvait être tenu de toutes les dettes contractées postérieurement à la donation, ce serait un moyen de la révoquer indirectement. Les vices qui entachent les donations ne peuvent être couverts par aucun acte confirmatif du donateur, pas même par testament; si on veut rendre la donation valable, il faut la faire dans les formes légales.

VI — *Exceptions à la règle d'irrévocabilité des donations.*

(art. 953-966).

Les causes de révocation sont au nombre de trois : 1° cas d'inexécution des conditions; 2° cause d'ingratitude; 3° survenance d'enfants.

Comme nous l'avons déjà dit, les donations faites sous condition sont valables en principe. Souvent même les charges imposées au donataire sont le motif pour lequel la donation est faite. Si ces charges ne sont pas exécutées, nul doute que la donation ne soit révocable. Lorsque la révocation a lieu, les biens reviennent au donateur francs et quittes de toutes charges et hypothèques; il peut exercer contre les tiers les actions qu'il a contre le donataire (954). Les fruits perçus avant et après la demande en révocation doivent être rendus. Mais la question de savoir si le donateur pourrait, au lieu de réclamer la révocation, forcer le donataire à remplir les charges attachées à cette donation, est controversée; considérant le motif et le but de l'acte, nous n'hésitons pas à opter pour la négative; car le but des parties n'est pas d'obtenir, à proprement parler, l'exécution d'une charge, mais d'offrir d'une part et de recevoir de l'autre une libéralité.

La révocation pour inexécution des charges ne s'opère point de plein droit ; elle doit être prononcée, sur la demande du donateur, par les tribunaux. Mais à quel moment est-elle révoquée ? Le délai pour l'exécution des charges est passé ; la donation est-elle révoquée ? Non. — La sommation par huissier est faite ; la donation.... révoquée ? Non. — Le donataire exécutant les charges peut empêcher qu'elle le soit. Les tribunaux saisis peuvent même accorder un délai pendant lequel le donataire peut exécuter les charges (1). Le délai n'étant pas déterminé par la loi, il s'ensuit que comme pour toutes les prescriptions non déterminées l'action qui en résulte est de trente ans.

La révocation pour cause d'ingratitude a lieu dans les trois cas suivants : lorsque le donataire a attenté à la vie du donateur ; lorsqu'il s'est rendu envers lui coupable d'injures graves, sévices, délits ; lorsqu'il lui a refusé des aliments.

Cette révocation, comme celle pour inexécution des charges, n'a pas lieu de plein droit, elle doit aussi être prononcée par les tribunaux sur la demande du donateur.

Cette demande doit être formée dans l'année à compter du jour où le donateur a connu le délit. La révocation ne peut être demandée contre les héritiers du donataire par le donateur ni par les héritiers du donateur contre le donataire, à moins que dans l'année du délit, l'action n'ait été intentée par le donateur ou que le donateur ne soit mort dans cette année-là (956 - 957).

Il existe une différence saillante entre les révocations pour cause d'inexécution des charges, et celles qui ont lieu pour cause d'ingratitude ; dans le premier cas, le donateur reprend ses biens comme nous l'avons dit, en quelles mains qu'il les trouve, libres de toutes charges et hypothèques ; dans le second cas au contraire les charges, hypothèques, aliénations consenties par le donataire sont maintenues, pourvu qu'elles soient antérieures à l'inscription de révocation faite en marge de la trans-

(1) Si on stipulait dans l'acte de donation que la révocation aurait lieu de plein droit, elle ne serait révoquée qu'après sommation d'huissiers.

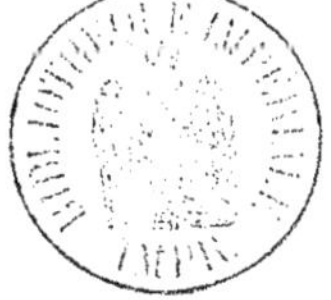

cription de la donation (958). La raison de cette différence, est que les tiers ont pu s'assurer si les charges sous lesquelles la donation était faite ont été exécutées, tandis que dans le second cas, ils n'ont pas pu constater son ingratitude. Lorsque la donation est révoquée pour cause d'ingratitude, le donataire doit rendre la valeur des objets aliénés au temps de la demande et les fruits à compter de cette demande.

Les donations en faveur du mariage ne sont point révocables pour cause d'ingratitude, parce qu'elles sont censées faites en faveur des enfants qui en naîtront.

La révocation pour cause de survenance d'enfants, est fondée sur cette présomption, que si le donateur s'est dépouillé, c'est qu'il pensait qu'il ne lui surviendrait pas d'enfants. Cette révocation, à la différance des deux autres, s'opère de plein droit ; elle a lieu même par la naissance d'un posthume, et par la légitimation d'un enfant naturel, pourvu qu'il soit né depuis la donation. Elle s'étend à toutes donations, tant mutuelles que rénumératoires, à l'exception de celles faites aux futurs époux dans le contrat de mariage par leurs ascendants, car alors ils avaient des descendants quand ils l'ont faite, et de celles que les futurs époux se font entre eux par le même acte (960). La révocation pour cause de survenance d'enfants, a lieu lors même que le donataire ait été mis en possession des biens donnés, et qu'il ait continué d'en jouir après la naissance ou la légitimation qui opère la révocation. Seulement dans ce cas, le donataire n'est tenu de la restitution des fruits, qu'à compter du jour de la notification de cette légitimation, car jusqu'alors il avait possédé de bonne foi.

Les donations révoquées pour cause de survenance d'enfants ne peuvent plus revivre ni par la mort de l'enfant, ni par aucun acte confirmatif. Si le donateur persiste dans la volonté de donner, il faut qu'il refasse sa donation sous les formalités exigées. D'avance on ne pourrait renoncer à la révocation ; cette clause serait de rigueur dans tous les actes de donations, et pour cette raison la loi la condamne.

Lorsqu'une donation est révoquée pour cause de survenance d'enfants, le donateur reprend ses biens en quelles mains qu'il les trouve, libres de toutes charges et hypothèques. Ils ne sont pas même soumis à l'hypothèque subsidiaire de la femme pour raison de sa dot et de ses conventions matrimoniales.

L'action pour retirer les biens dure trente ans, à compter du jour de la naissance du dernier enfant du donateur, même posthume. Cette action a lieu même contre les tiers détenteurs, qui lorsqu'ils possèdent de bonne foi et à juste titre, prescrivent par dix ans entre présents et par vingt ans entre absents.

Règles générales sur la forme des testaments.

Trois formes ordinaires de tester sont consacrées par le Code : le testament olographe, le testament par acte public, le testament mystique ou secret.

Dans le but de simplifier la législation sur les testaments, on a écarté toutes les difficultés qui les entouraient. Sous quel titre qu'ait été fait le testament, soit sous celui d'institution d'héritier, soit sous le titre de legs universel ou particulier, soit sous toute autre dénomination propre à manifester la volonté du testateur, le testament est valable. Mais néanmoins le testament ne pourra être fait dans le même acte par deux ou plusieurs personnes, soit au profit d'un tiers, soit à titre de disposition réciproque et mutuelle ; Bigot de Préameneu en donne le motif suivant : Il fallait, dit-il, éviter la difficulté qu'aurait fait naître la question de savoir si après le décès des testateurs conjoints, le testament pourrait être révoqué par le survivant.

Faisons maintenant connaître les formes de ces trois espèces de testaments.

Le testament olographe est assujetti à très peu de formes ; il suffit pour sa validité qu'il soit écrit en entier, daté et signé de la main du testateur. Le testament olographe offre plusieurs avantages : 1° celui de tester en tous lieux, à tous les instants de la vie ; 2° de tenir secrètes ses dispositions et par suite de tester en liberté. Du reste, le testament olographe est un acte sous-seing privé. Néanmoins il fait foi de sa date.

Le testament par acte public est celui qui est reçu par deux notaires, en présence de deux témoins, ou par un notaire en présence de quatre témoins; la loi soumet la rédaction de ces testaments à des formalités particulières qui doivent être suivies de point en point sous peine de nullité. Ainsi le testament par acte public doit être dicté par le testateur et écrit par l'un des notaires, tel qu'il est dicté; lecture doit en être faite au testateur en présence des témoins. Il doit être signé par le testateur, le notaire et les témoins, et il doit y être fait mention de toutes ces formalités. La signature de toutes les personnes présentes à l'acte en forme le complément. Si le testateur ne sait on ne peut signer, le notaire en doit faire mention, et cette mention produit le même effet que la signature. Quant aux témoins, la loi n'exige pour les testaments faits dans les campagnes, où l'instruction est toujours en retard, que la signature de la moitié de ceux présents à l'acte, et mention de la déclaration de ceux qui ne savent pas signer. Les témoins appelés pour être présents aux testaments doivent être Français, mâles et majeurs. Il faut de plus, pour les testaments par acte public, qu'ils aient une certaine capacité relative par rapport au testateur, et à ce sujet la loi exclut comme témoins les légataires, à quelque titre que ce soit, les parents ou alliés du légataire jusqu'au quatrième degré inclusivement, et enfin, les clercs des notaires par qui les actes sont reçus.

Le testament mystique offre au testateur le moyen de tenir ses dispositions secrètes. Mais pour éviter des fraudes ou substitutions de pièces, on a dû environner cette forme de testament de certaines formalités; aussi ces formalités sont-elles rigoureusement observées.

Le testament mystique peut être écrit, soit par le testateur soit par un étranger, soit par le notaire qui dresse l'acte de suscription. Dans tous les cas il doit être signé par le testateur; mais cette condition n'est pas essentielle. Le papier qui contient les dispositions doit être clos et scellé; ces deux formalités sont exigées cumulativement. Le testament serait nul s'il était clos sans aucune empreinte de cachet. Voici les formalités : D'abord le testateur doit présenter son testament au notaire et aux témoins; il ne pourrait le faire par un fondé de pouvoir. Si le testament n'est pas clos, il doit le faire clôre par le notaire et les témoins. Six témoins sont nécessaires, et à la différence du testament par acte public , ils peuvent être pris parmi les légataires. Le testateur doit dire ensuite que le testament qu'il présente est son testament, écrit et signé de lui ou écrit par un autre et signé de lui. Le notaire dresse procès-verbal de la présentation du testament, de l'empreinte du cachet et de la déclaration du testateur. Ce procès-verbal est écrit sur l'enveloppe. Aussi on lui donne pour cette raison le nom d'acte de suscription. L'acte de suscription doit être signé par le testateur, par le notaire et les témoins ; tout cela à peine de nullité. S'il arrive que le testateur ne sache pas signer, un nouveau témoin est appelé à l'acte de suscription, et mention est faite de la cause pour laquelle il est appelé. Du reste, la forme du testament mystique est interdite à ceux qui ne savent pas lire ou à ceux qui en sont empêchés, parce qu'alors ils ne peuvent pas savoir si le testament qu'on leur présente est bien le leur.

Code de Commerce.

De la Lettre de Change.

De l'acceptation.

Jouant le rôle de papier monnaie, la lettre de change est destinée à faciliter les opérations commerciales, à multiplier le crédit. Née des besoins du commerce, quoique plusieurs villes se soient attribué l'honneur de cette invention, elle nous offre un moyen facile d'éviter le transport gênant du numéraire d'une place sur une autre; mais nous avons hâte d'arriver à l'acceptation.

Dans le moyen-âge, un des principaux buts de l'acceptation, était d'opérer les virements en foire et de liquider les créances; mais aujourd'hui la liquidation en foire est tombée, et l'acceptation, en ajoutant une signature nouvelle à celle du tireur, ne sert plus qu'à donner plus de poids au papier; les commerçants, en effet, cherchant à empêcher qu'on ne découvre leur discrédit, aiment mieux solliciter une caution d'une manière indirecte, et pour cela, ils tirent une lettre de change sur un tiers qui, acceptant la traite, devient une caution véritable.

Peuvent requérir l'acceptation, le porteur, son mandataire, tout détenteur du papier, alors même qu'il n'est pas propriétaire; la raison en est que l'acceptation n'est pas due à la personne, mais au papier. Le porteur peut le requérir avant l'échéance; néanmoins, en régle générale, ce n'est pas une obligation pour lui, c'est simplement un droit qu'il exerce. Cependant, dans certains cas, il pourrait y être obligé si, par exemple, le tireur lui en avait imposé l'obligation ; car il peut arriver que le tireur ait des motifs légitimes de s'instruire du fait de l'acceptation ; les valeurs, je suppose, qui forment la provision, font l'objet de quelques difficultés entre le tireur et le tiré, par conséquent, il importe au tireur de savoir si le tiré veut accepter ou non, afin de pouvoir, en temps utile, faire juger la contestation. L'acceptation doit aussi être requise quand la lettre de change est payable à tant de jours de vue ; comme dans ce cas-là c'est la date de la présentation qui fixe l'époque du paiement, si on permettait au porteur d'une lettre de change de la garder tant que bon lui semblerait, le retard occasionné par le porteur pourrait devenir la cause d'un préjudice pour le tireur et les endosseurs. Sauf ces deux cas, l'acceptation peut être requise en tout temps, même la veille de l'échéance.

Le tiré ne doit rien jusqu'à l'acceptation ; mais à peine a-t-il accepté, qu'il est débiteur envers le papier, *in rem* ; du reste, tant que l'acceptation n'a pas été consignée sur le papier, elle est censée n'avoir pas été faite ; la promesse du tiré ne suffit pas.

Il peut arriver que le tiré n'ait pas accepté sur le papier même, mais qu'il se soit engagé par correspondance, on demande si cette acceptation n'équivaudra pas à celle qui sera donnée sur le titre. La Cour de Cassation appelée à décider sur une question de cette nature, éluda la difficulté par une subtilité ; néanmoins nous croyons que, quoique aucun texte de loi ne défende de consigner l'acceptation dans une lettre, nous croyons disons-nous, que cette acceptation n'est pas suffisante.

L'art. 122 détermine les formes de l'acceptation ; elle doit être exprimée par le mot accepté ; il est bon de respecter cette formule, mais le terme n'est pas sacramentel ; l'acceptation doit être signée, datée si elle est à un ou plusieurs jours de vue. Enfin elle doit être demandée au domicile du tiré quoique la traite soit payable ailleurs.

L'acceptation doit être pure et simple, et le porteur à le droit de la refuser si elle est conditionnelle ; mais néanmoins elle peut être restreinte ; et dans ce cas le porteur (art. 124) peut faire protester pour le surplus.

Nous ne croyons pas que l'on puisse regarder les termes de l'art. 124 comme absolus ; ils peuvent l'être pour les événements extérieurs , mais relativement à la position du tiré et du tireur, des conditions seront-elles inadmissibles ? Que penser par exemple, de la condition de payer à moi-même ? Ainsi un tiré, est créancier du porteur d'une somme égale à la valeur de la lettre de change ; le tiré pourra-t-il dire, quand on le lui demandera ? j'accepte, mais à condition de payer à moi-même ? Quoi qu'en dise Pothier, nous ne pensons pas que les choses puissent se passer ainsi.

Celui qui a accepté une lettre de change , en doit payer le montant ; et l'art 121 nous apprend que le tiré qui a accepté, n'est pas restituable, quand même le tireur aurait failli à son insu avant qu'il ait accepté ; le porteur, en effet, doit être préféré au tiré.

Si le tiré refuse d'accepter la lettre de change , ce refus sera constaté par un protêt (119), mais le porteur n'est pas tenu de faire le protêt ; c'est seulement s'il veut agir qu'il doit le notifier. Le porteur de la lettre de change refusée, peut agir contre le tireur et les endosseurs. Ceux-ci sont respectivement tenus de donner caution pour assurer le paiement à l'échéance (art. 120). On ne peut exiger une caution de tous, si un seul en offre une suffisante. Si le tiré se présente comme caution , on doit l'accepter sans discussion, car on n'avait promis au porteur que la garantie du tiré, c'est donc comme s'il avait acepté.

L'art. 125 fixe les délais dans lesquels la lettre de change est acceptable, elle l'est à sa présentation, ou au plus tard dans les 24 heures de sa présentation.

L'acceptation est une espèce d'affront pour la signature du tireur, car elle est la caution indirecte; aussi n'est-elle requise que pour les maisons de second ordre , et encore peut-on convenir que l'acceptation ne sera pas nécessaire en disant *il vous plaira payer par cette lettre de change non acceptable.*

De l'acceptation par intervention.

En Droit , le porteur dont la lettre de change n'est pas acceptée , a son recours immédiat contre le tireur et les endosseurs. En fait, ce droit rigoureux est tempéré par l'introduction de l'acceptation par intervention (Art. 126, 127, 128).

Cette intervention n'est autorisée qu'après le protêt; toute personne non signataire de la lettre de change peut accepter par intervention. Le tiré peut aussi intervenir non-seulement pour le tireur, mais encore pour les endosseurs. Les signataires de la lettre de change indiquent aussi des tiers pour accepter ou pour payer en cas de refus du tiré, afin d'éviter des poursuites qui portent atteinte au crédit des commerçants; ces personnes désignées portent le nom de *recommandataires* ou *indiqués au besoin*. Quelle intervention devra-t-on admettre, quand plusieurs personnes offriront d'intervenir? Cette question a arrêté quelques auteurs à propos du paiement, ils pensaient qu'on ne pouvait le recevoir de plusieurs; mais on peut néanmoins recevoir plusieurs interventions; le paiement est un; l'intervention peut être multiple; les *indiqués au besoin* devront être préférés, et après eux ceux qui offriront le plus de libérations.

L'acceptation par intervention doit être signée de l'intervenant; et s'il veut conserver son droit il est tenu de la signifier à la personne dont-il a honoré la signature. L'intervenant n'est pas un simple *negotiorum gestor*; la loi lui accorde une action *in solidum*.

Mais en droit l'effet de l'intervention est nul. Le porteur peut toujours exercer une action contre l'endosseur (128). D'après cela, à quoi sert donc l'intervention? Il est vrai qu'en droit l'action ne peut être arrêtée, mais en pratique elle l'est; car en général les personnes qui interviennent sont des gens honorables qui ne veulent pas laisser compromettre la signature de leurs correspondants; aussi en pareil cas, si le porteur voulait se prévaloir de l'art. 128, lui appliquerait-on la maxime : *Malitiis non indulgendum est.*

De l'Aval.

A la différence de l'acceptation qui est le cautionnement indirect de la lettre de change, l'aval en est le cautionnement direct; voilà pourquoi les commerçants qui se respectent ne l'emploient pas. C'est peut-être aussi la raison pour laquelle le législateur a plutôt indiqué la matière qu'il ne l'a formulée.

Les art. 141, 142 indiquent les formes de l'aval. Il peut être fait sur la lettre, ou par acte séparé; il est sous-seing privé ou par forme authentique. Une simple signature suffit pour indiquer qu'il a été donné. S'il est fait par acte séparé, il faut le joindre à la lettre de change, et il doit réunir toutes les qualités des contrats.

Si l'aval était consigné sur le titre, le donneur d'aval serait tenu solidairement avec celui qu'il a cautionné; il est sujet à la contrainte par corps, il ne peut opposer ni bénéfice de divison, ni bénéfice de discussion. S'il était fait par acte séparé, le donneur d'aval ne s'engage que comme il l'entend; il peut stipuler tel bénéfice de division ou de discussion qu'il lui plaît, et dès lors ne pas s'assujettir à la contrainte par corps.

Droit Administratif.

Tous les actes reçus par des fonctionnaires publics sont-ils des actes administratifs ?

Avant de nous livrer à l'examen de la question proposée, nous croyons nécessaire de donner une bonne définition de ce qu'on entend par acte administratif ? Qu'est-ce donc qu'un acte de cette espèce ? Suivant M. Chauveau, un acte administratif est celui qui émane de l'administration, c'est-à-dire du pouvoir qui administre. De ce qu'un acte émane de l'autorité administrative, il ne s'ensuit pas nécessairement qu'il soit un acte administratif, il ne revêt ce caractère que tout autant qu'il se rapporte à un acte d'administration. Pour bien saisir la définition que je viens d'indiquer, il faut rappeler les subdivisions que comporte l'action du pouvoir exécutif, dont l'administration n'est qu'une branche, et dire avec l'auteur qu'elle se présente sous une triple face, suivant qu'il *gouverne*, *régit* ou *administre.*

Le pouvoir exécutif gouverne et constitue ainsi l'action gouvernementale, quand il se manifeste par des ordonnances nécessaires à l'exécution de la loi ; par l'exercice de souveraineté que lui délègue en certains cas le pouvoir législatif ; par les réglements généraux d'ordre, de sûreté et de sécurité publique ; par les traités, stipulations, conventions militaires ; par les actes de haute police administrative ; par la correspondance officielle entre ses agents pour les améliorations morales et matérielles à introduire dans la direction des affaires publiques ; par la nomination aux diverses fonctions publiques, les destitutions, les mises à la retraite et la discipline à exercer sur ses agents. Dans tous ces cas son action se révèle avec un caractère de souveraineté égal à celui dont sont revêtues les dispositions du pouvoir législatif.

Il régit, quand il se révèle comme une personne individuelle ayant des intérêts distincts des intérêts de l'Etat, *unité nationale*. Dans ce cas, il n'est engagé dans la discussion que comme propriétaire d'immeubles ou de meubles, ayant des intérêts personnels à défendre et comme tel justiciable des tribunaux ordinaires par lesquels il est considéré comme simple particulier. Ainsi il régit, quand il aliène, échange, loue ses biens, ses bois, ses domaines.

Enfin il administre, quand il agit pour protéger les intérêts généraux, en surveillant l'action de chaque citoyen, et c'est alors seulement qu'appartient aux tribunaux administratifs le jugement des actes empreints de ce caractère.

Par l'exposé de ces divisions, nous voyons donc combien est saillante la différence des actes sous lesquelles se révèle l'action du pouvoir exécutif.

Revenons à la question qui doit nous occuper ; c'est sous le second point de vue que nous devons l'envisager; nous voulons parler des cas où le pouvoir exécutif régit, c'est-à-dire lorsqu'il achète, échange, loue ses biens, ses bois, ses domaines. Ces actes d'aliénation, d'échange peuvent bien s'écarter de la forme ordinaire des contrats qui interviennent entre les simples particuliers. Ainsi ils sont, par exemple, dressés à la préfecture par le préfet; mais de ce que ce fonctionnaire public préside à ces ventes, à ces achats, s'ensuit-il que l'acte qu'il reçoit soit un acte administratif? Non, sans doute ; car les contrats n'impliquent point l'idée de commandement d'utilité publique, d'intérêt général qui constitue l'essence de l'acte administratif. D'ailleurs, les arrêts du 8 juillet 1807, du 2 janvier 1809, du 23 décembre 1815, du 27 avril 1825 ont consacré ces principes et ont déclaré l'autorité judiciaire compétente.

L'acte produit n'a rien d'impératif, ce n'est, en un mot, qu'un acte de droit commun. Ces actes n'ont que la forme administrative, et s'ils sont reçus par un fonctionnaire public, c'est pour donner une plus grande certitude d'une meilleure gestion; ces fonctionnaires publics ne jouent que le rôle de notaires qui garantissent l'authenticité et la perfection de l'acte, et tout cela, quoique l'Etat soit intéressé, puisqu'il s'agit de faire valoir ses droits ou de les dénier.

Mais sachant que l'acte administratif se révèle par le caractère d'intérêt général, d'utilité publique, si on objectait que l'intérêt général est engagé quand il s'agit de contestations concernant l'Etat, puisque le Trésor public doit être augmenté ou diminué d'autant, nous répondrions que toutes les questions concernant les propriétés de l'Etat devraient, à ce point de vue, être du domaine du contentieux administratif. Mais les choses n'ont pas été poussées si loin.

Ce que nous venons de dire de la vente, échange de biens de l'Etat, se rattache aussi aux conventions privées des communes et établissements publics; un officier public intervient, comme nous l'avons déjà dit, pour plus de garantie. Une homologation est nécessaire; mais ne faut-il pas aussi au mineur agissant par l'intermédiaire de son tuteur, une homologation du conseil de famille; nous ne soupçonnons pas du reste qu'on puisse prétendre que cette homologation change le caractère de l'acte; ce serait faire céder le principal à l'accessoire. Du reste, la jurisprudence, la doctrine, ont souvent décidé par de nombreux arrêts que l'autorité judiciaire était seule compétente pour l'exécution des conventions ordinaires, passées au nom des départements et des communes; les arrêts du 18 avril 1816, du 1er novembre 1820, du 7 mai 1823, du 3 septembre 1836 en sont la preuve irréfutable.

Nous terminerons en répétant ce principe bien établi, bien reconnu, qu'un acte n'est administratif qu'autant qu'il émane d'une autorité administrative et qu'il a pour objet un service public.

On voit du reste, combien est grave la solution de cette question. On sait en effet, qu'aux tribunaux administratifs est attribuée l'appréciation des actes de cette nature ; et l'examen de la question, q'est-ce qu'un acte administratif intéressant au suprême degré la compétence administrative, doit faire cesser par sa solution ces empiètements réciproques qu'exercent l'un sur l'autre ce pouvoir et le pouvoir judiciaire ; c'est pour cela qu'un célèbre jurisconsulte les a comparés à *deux voisins mal bornés qui se font sans cesse la guerre d'invasion.*

Cette Thèse sera soutenue, en séance publique, dans une des salles de la Faculté, le 6 août 1855.

Le Président de la Thèse,

MASSOL.

Toulouse. Imprimerie Troyes OUVRIERS REUNIS, rue Saint-Pantaléon, 3.

TOULOUSE
OUVRIERS RÉUNIS
St-Pantaléon, 3.

www.ingramcontent.com/pod-product-compliance
Ingram Content Group UK Ltd.
Pitfield, Milton Keynes, MK11 3LW, UK
UKHW022317170726
13837UKWH00005BA/2049

9 782019 994310